„Ein Erdenengel und seine Geschichten"

Geschrieben in 2015 / 2016 und verfasst am:

18.06.2016

Clarissa M. Seite

Heilpraktikerin für Psychotherapie [HPG]

Suchtberaterin

Reiki -Meisterin / Lehrerin

Schreibmedium Blog:

ClarissaSeite.Tumblr.Com

Mediale psychologische Beratung

Kartenlegerin und mediale Interpretationen über

Kipperkarten

Tarot

Engel

Krafttiere

Und vieles mehr …

Das, was halt in diesem Moment passt!

Kontakt:

Clarissa.Lichtweg@gmx.de

www.theralupa.de

heil-verzeichnis.de

<u>Erstkontakt über Mobile möglich:</u>

01515 – 654 99 30

Persönliche Notizen:

Was möchte ich nochmals lesen oder nochmals darüber nachdenken und auf welcher Seite finde ich diese Geschichte!

-

Achtsamkeit

Achtsamkeit mit sich und seiner Seele im ***Miteinander*** leben!

Bitte sei Achtsam (bewusst groß geschrieben)

Ich bin Achtsam

Sind wir Achtsam miteinander … ???

Was heißt es denn eigentlich mit sich und der WELT im Frieden zu sein …

"Achtsamkeit"

Ich spüre und fühle in mich hinein und achte auf meine Empfindungen.

Nicht nur mit mir selbst sondern auch wie ich auf mein Umfeld eingehe - umgehe - im miteinander …

Was sende ich aus und was kommt zurück (Resonanz)

Wie erlebe ich mich dabei und wie erleben mich die anderen dabei ***(Spiegel- Spiegelung-Resonanz)***

Bin ich achtsam … bin ich achtsam mit mir …. bin ich achtsam mit den gegenüber …

Wie bin ich … was spreche ich … was sende ich an Emotionen…. aus ….

"Aktion - Reaktion"

Ein freundliches Lächeln … eine nette Geste … ein ruhiger Ton … eine offene Haltung …

Bin ich liebe - voll mit mir und meiner Umgebung …

Gespräch-Partner!

Frau - Liebende - Mutter - Kind - Tochter

Mann - Liebender - Vater - Kind - Sohn

Großeltern-Familienstamm- Ahnen

Kinder - Familie - Freunde

Geschäftspartner

Mitarbeiter-Kollege

Weggefährte

Spielende

Gehe ich „Achtsam" mit mir und den Wesen um mich herum achtsam um!?

Wie und was nehme ich zu mir … essen - trinken - Konsumartikel etc.

Wie pflege ich mich und meinem Körper …

Gehe ich auch genug an die frische (Umweltverschmutzung durch Mensch) Luft.

Esse ich gesund (Nahrungskette verseucht durch Mensch)

Bin ich ausgewogen und im Einklang mit mir - meinen Mitmenschen - Wesen und Natur!?

Was kann ich tun:

Ein Zen-Mönch wurde einmal gefragt, was er den für eine Meditationspraxis habe.

Er antwortete:

Wenn ich **sitze, dann** sitze ich.

Wenn ich **stehe**, dann stehe ich.

Wenn ich gehe, dann gehe ich.

Da meinte der Frager:

"Das ist doch nichts Besonderes. Das tun wir doch alle"

"Da sagte der Mönch: Nein, wenn DU sitzt, dann stehst Du schon. Und wenn DU stehst, dann bist du schon auf dem Weg."

Darin besteht die Meditation, darauf zu achten, was du gerade tust

denkst - fühlst ….

Achtsamkeit als spirituelle Kraft für Körper - Geist und Seele …

Die Würze - Quintessens - SEIN!

Wenn ich im Augenblick - im jetzt mit mir liebevoll und achtsam umgehe, dann wird sich mein Umfeld (Bewusst-Sein) in der Energie / Würze neu gestalten und das mit-ein-ander neu ordnen...

Vor allem für Dich selbst!!

Bewusst - SEIN!

Ich wünsche dir, dass der Engel der Achtsamkeit bei dir ist ... dich immer mehr in die Kunst des Lebens einführt.

Entdecke die Lust am Leben zu dir und im miteinander mit der Welt (Tarot #21)

Lebe voller Freude - Fülle - Aufmerksam mit Dir und der Welt im Einklang und voller Hochachtung und in Demut.

Universell - göttlich im Funken der Sterne und im Angesicht mit dir selbst

Nutze den Spiegel der Wahrheit (Spiegelung / Til Eulenspiegel / Schlange, die sich um den Spiegel schlingt und den Biss der Erleuchtung / Heilung für dich bereit hält).

Erkenne dich selbst … im Spiegel

"Ich liebe mich"

"Ich achte mich"

"Ich bin achtsam"

"Ich bin wertvoll"

"Ich bin"

Wo auch immer du bist sei die Seele dieses Ortes

Rumi

Tarot

Quelle - Gerd B. Ziegler - Spiegel der Seele!

An dieser Stelle ein Herzliches Dankeschön für diese unglaublich gute Interpretation!

Zwei der Scheiben - Wechsel

Eigeninterpretation auch gerade jetzt in 2016 / WECHSEL

Energiearbeit & Channeling / Schreibmedium siehe Blog!

Herzensenergie - Herzensfrequenz im Vordergrund - Jetzt - will JETZT gelebt werden.

!Werde Licht & Liebe ...

Raus aus dem Hamsterrad

Raus aus falschen Kompromissen

Raus aus Abhängigkeiten

Raus aus Schattenverhältnissen ... Rein ins LICHT!!

Raus aus Sinnlosigkeit

Raus aus Konsum

Raus aus Manipulation

Raus aus Korruption

"Die zwei der Scheiben"

zeigen auch gerade in der Abbildung von Aleister Crowley - Thoth Tarot

die Licht / Schattenverhältnisse an - Ying & Yang - Oben wie unten im Symbol der Acht / Schlange die dich beißt um eine Richtungswechsel / Transformation in deinem wertvollen Leben / DA-SEIN unweigerlich / sofort einzuleiten.

2016 das Jahr des WECHSEL / Machtwechsel auf der Erde von Armin Risi

Quersumme:
Die NEUN! Der Eremit - Das innere Licht leuchten und nach außen bringen in seiner reinen Form / Bewusst-SEIN.

Frage:

Was müssen wir verändern in unserem DA-SEIN um den Wechsel in UNS und auf „Mutter Erde" zu vollbringen.

Welche Möglichkeiten habe ich und habe ich noch nicht berücksichtigt.

Was kann ich zu einem besseren ICH / WIR hier und jetzt und auf unserer wundervollen Mutter Erde dazu

beitragen

einbringe

bewirken

umsetzten

leben

voller Licht & Liebe ....
Ändere deinen Geist und du änderst Alles!

Der Weg ist das Ziel! – Konfuzius*

Asylanten !?

Sind wir nicht Alle schon einmal von einem Ort zum anderen gewandert …

WANDERER / WANDLER unserer ZEIT

Wanderer – Globetrotter – Reisende und über die Jahrtausende von einem Kontinent zum anderen schon immer den Wechsel (gewandert, umhergezogen) vollzogen!

Ganz einfach gefragt und eventuell schon durchs Fragen erklärt (geklärt), so dass es jeder verstehen - nachempfinden und sich seine Gedanken machen kann, wenn er nun will?

Warum reagiert das Volk, der Mensch und überhaupt so empfindlich auf die kommende Wanderer?

Einfache Fragen:
Wer gibt den Asylanten / Wanderern Geld - Schuhe - Handys - Nahrung und Unterkunft!

Wer und von welchen Gelder werden diese sogenannten Hilfsmittel bezahlt???

Werden die Asylanten wirklich von der Regierung unterstützt oder sind das die Hilfsorganisationen die aus kleinen Töpfen / Geldern im Sozialwesen finanziert werden ???

Wer leistet eigentlich Integration ....

Die Politik - die Hilfs Organisationen - die Kirche - die freiwilligen Helfer - Ehrenamtliche ... MENSCHEN(!!!) !???

Warum stößt die Flut an Menschen an so wenig Verständnis oder sind es wieder nur mal Randgruppen, die in den Medien Aufmerksamkeit erregen und erhalten!???

Wer verdient eigentlich (Eigennutz) an der Lobby "Asylant"

Win / Win - Situation !??? // Weltpolitisch // Machterweiterung durch Krieg etc.

Werden tatsächlich diese Menschen bzw. können diese MENSCHEN wirklich integriert werden ...

Ist der Mensch Integrationsfähig auch wenn er aus einer anderen Kultur - Land - Politikprägung – heraus stammt / kommt!???

Sind wir **"die Gläubigen"** aus dem Westen kommend wirklich dazu fähig ... oder doch schon so auf uns selbst fixiert, dass wir gar nicht mehr "teilen" (10 Teil) und Lieben (Nächstenliebe) wollen .... ???!

Was war während des ersten und zweiten Weltkrieg in Deutschland ... wo sind damals die Menschen hin geflüchtet ...

Wo kam die Hilfe und Unterstützung her und wo hin ...

Wer waren die damaligen Draht - Zieher ???

Viele Fragen und Antworten stehen offen und müssen für eine gute Meinungsbildung gefragt und beantwortet werden bevor wir "urteilen"!!!

<u>Meine Meinung:</u>

Wenn ich, als Mensch in Not bin und mein Land aufgrund "Krieg - Hass - - Not - Todesangst" verlassen muss, um mich und meine Familie zu (be) schützen, dann hoffe ich, dass ich von guten Menschen aufgenommen - unterstützt - geliebt und mit guten "Willen und Glauben" umgeben werde und die Chance auf einen Neubeginn erhalte!

Ich werde dann jeden Strohhalm nutzen - jedes Mittel ob Kleidungsstück - Turnschuhe (egal welche Marke / smartes Marketing der Firmen wie XY) und sonstige Hilfsmittel (Handy Sponsoring – XY) in Anspruch nehmen und einfach nur froh sein, das es **Menschen mit dieser notwendigen Portion an Nächstenliebe - Glaube und Willen gibt ...**

- **Menschen** die mir helfen um zu helfen
- **Menschen** die Dich nicht als Profitmaschinerie sehen
- **Menschen** die mich als Mensch sehen
- **Menschen** die mir die Chance geben die Sprache - die Sitten und die guten Gepflogenheiten des Landes zu vermitteln.

Aufrichtiges Mit-ein-ander voller Respekt - Liebe - Verantwortung und vor allem eine große Portion **Nächstenliebe ...**

PS.

Warum sind die Zahlen seit den 80 sooo in die Höhe geschnallt; wer steckt hinter diesen Kriegen und warum will man das Land kaputt machen (ausbluten lassen) um es dann billig und nach eigenen Regeln (Wirtschaftspolitik) zu erwerben!

Welche Bodenschätze werden dadurch angestrebt

Welche Macht dadurch erworben

(Globalplay - Magnaten)

Wer sind DIE?

Welche Rolle spielen **WIR** dabei ???

In diesem Sinne

Geben & Nehmen im Einklang

Ausgleich schaffen

Miteinander in Liebe leben

Für einander da SEIN

"Der Kolibri"

[„Herzfrequenz"]

will uns über das Jahr und im Leben von heute an unbedingt begleiten!

Herzfrequenz ... was ist das ... bum - bum - bum - bum

Balance

gleicher Takt

Schwingung

Energie

Liebe

Lausche in einer ruhigen Minute den Takt deines Herzen, den es spricht mit dir ...

Bist DU im Takt!?

Was sind deine Bedürfnisse - was wünscht sich dein HERZ...

Nimm dir diese Zeit immer mal wieder und lege dich an deinem Lieblingsplatz gemütlich hin und lege deine Hände auf dein **Herz - Chakra!**

Lausche deinem Herzen

Streichle es und sei zärtlich in jeder Hinsicht ... ob es Worte sind - Gedanken und erkenne deine Gefühle die in dir aufsteigen.

ERKENNE deine Herzensfrequenz!

Wo willst du hin ...

Dein *Herz-Takt* spricht mit Dir und zeigt dir deinen Weg immer wieder gerne.

LAUSCHE

FÜHLE

HÖRE DIE INNERE STIMME

SEI DIR BEWUSST

VERTRAUE

HABE GEDULD

Kraftkarte #8 im Tarot

Handelt von wahren und falschen Kräften ... Verständnis und Illusion..

"Toleranz und Verständnis"

Im Kabbala "Kaph"; eine halbgeschlossene Hand die im Begriff ist zu geben und / oder zu nehmen. (Fester Zugriff)

Die Hand die aktiv zugreift ....

!Siehe den astrologischen LÖWEN = das Symbol für die **göttliche Kraft!**

Also...

Mit sich selbst ins reine kommen - sein Potenzial / Selbst ausgleichen.

Den inneren Löwen (Kraftpotenzial) begegnen und gleichzeitig liebevoll bändigen und im Vollen leben.

Nonverbal wie ein Dompteur mit sich und seinem Gegenüber (Telepathie - telepathisch besser verständigen und als Vermittler auf dieser Ebene nonverbal sprechen) kommunizieren.

Seine Mitte leben!

#8

Die größte KRAFT kommt aus der LIEBE!

Kinesiologie / Kinesiologische Arbeit

In der Kinesiologie wird die liegende Acht als Ausgleich / Konzentration / Entspannung / Visualisierung genommen.

Somit werden beide "Gehirnhälften" (Vernetzungen im Gehirn gefördert) durch das mit den Augen nachmalen einer in der Luft liegeneder Acht immer und immer wieder auf's Neue vernetzt.

(Lese-u. Rechtschreibschwäche - Konzentrationsschwäche - Überreizung - Zentrierung der Gedanken und Gefühle - Ausgleich - Ruhe - Entspannung usw.)

Mit einem Blatt Papier kann die "liegende Acht" auch nachgemalt

(geschwungen) werden. Auch ruhig mit den Händen in der Luft nachmalen und in dieser Übung gut ein und ausatmen.

Für Kinder / Schüler / Erwachsenenarbeit (Senioren) eine wunderbare Konzentrations- und Vernetzungsübung (Ying & Yang - Energien ausgleichen)

Kann auch mit den Hüften (Körperschwingung) im stehen jederzeit nachgeschwungen werden.

Ich mache das oft und nutze diese Übung beim stehen, wenn ich mit jemanden gerade im Gespräch bin ...

;-)

Oder:

Bei langem arbeiten am PC/ Schule / Arbeitsplatz einfach auf die Seite sehen und die "liegende Acht visualisieren" und mit den Augen gedanklich / visuell nachmalen....

Kabbala: Kaph - "Die Hand, die aktiv zugreift"

Die 11. Hieroglyphe - 8. Arkanum im Waite Tarot - Telepathie, Kraftübertragung

Organ: Herz

Astrologie: Die spirituelle Ebene des Löwen

VIEL SPASS mit dieser Kraftvollen & Machtvollen ACHT!

Die Acht:

Liegende Acht ein Mittler zwischen oben und unten ; immer im Fluss und nie Endend! Die Verbindung zwischen Himmel und Erde! In den Himmel ist nur ein Schritt entfernt … wenn wir gehen und sterben dann gehen wir nur physisch; die Seele geht nach oben und der Geist ist immer beständig.

Die Reise zu Dir selbst antreten!

Beim Pilgern fällt mir doch wiedermal der Film und das Buch vom äußerst symphytischen Hape Kerkeling " Ich bin dann mal weg" sofort wieder ein!

Der Jakobsweg ist der bekannteste Pilgerweg der Welt. Seit über 1000 Jahre wandern Pilger zum Grab des Apostels Jakobus in der spanischen Stadt „Santiago de Compostela".

Oft habe ich mir schon überlegt und in Gedanken eine Planung erstellt dort hin zu pilgern, es jedoch wieder aufgrund der familiären Umstände (Kinder - Familie - Pflege- Arbeit - Praxis etc.) vertagt.

Da ich ja ursprünglich meine persönlichen Wurzeln in der Rhön habe und dort wirklich sehr viel gewandert wird, vielen wir die Pilgerwege im Bezug auf den Jakobsweg oft am Rande der Wege durch ein "Sonnenzeichen" gekennzeichnet erstmals so richtig ins Auge (auf)!

Viele Wege führen bekanntlich nach ROM bzw. auf den heiligen Jakobsweg zu Dir und deiner Seele.

Es braucht es nicht im speziellen diesen Weg zu beschreiten, um Innenschau zu betreiben.

Schon ein Spaziergang - ein Lieblingsweg oder der Weg zu einen bedeutenden Ort oder zu einer gesegneten Quelle oder Gebetsstätte erfüllen dies gleichwohl!!

"Der Weg ist das Ziel - Konfuzius"

Der Weg in Kontemplation - im Geiste, ganz bewusst geführt bringt dich zu Dir.

Viel wichtiger ist die Absicht und mit welcher Intention wir das tun möchten und wollen!

Gehe deinen persönlichen Weg, egal wo - wie und wann, es spielt keine

Rolle und gehe diesen Weg mit deinem persönlichen Be-Wusst-Sein!

Denn dann wirst du die Anbindung zu Gott und zu Dir als göttliches Wesen spüren.

Der tägliche Gang, egal wo hin im Bewusstsein geführt bringt Dich zu Dir und noch viel näher zu deinem höheren Selbst.

Probiere es doch einfach mal aus ....

Täglich ein Stück mehr - ein Stück weiter - einen Weg entlang ...

"Auf dem Pfad zu deiner persönlichen Erleuchtung"

LOVE & LIGHT

eure Claire

Feenland!

Ach du liebes Feen-Land mit all deiner wunderschönen Blumenpracht, wann kann ich dich wieder besuchen kommen …

Vielleicht in meinen Träumen voller Zauber - mystischer Landschaft - Begegnungen mit Dir meine kleine liebe Fee.

Wann bin ich dir das letzte Mal begegnet … so Allein in meinem Traum?

Wenn ich mich hinlege und nun schlafen gehe, werde ich dir dann begegnen oder wirst du mich einfach finden … so wie immer?

Ich werde es versuchen, du liebe kleine Fee, so voller Zauber und voller Glück-Seligkeit!

Du, meine kleine Fee; hast mir bisher doch immer ins Ohr geflüstert und mir von den Himmel mit den vielen leuchtenden Sternen erzählt und von der weiten fernen Landschaft voller Glitzer und Glimmer und vor allem von den zauberhaften Blumenpracht - ja von den zauberhaften *"FeenGarten Abundantia"*

Ja, ich glaub, da will ich wieder hin … in den tiefen meiner Träume werde ich dich finden…ganz bestimmt sogar.

Ich rufe dich herbei ganz leise mit einem Hauch von Wind der aus meinem Atem entspringt …

"höööörst duuuu miccccchchchhchchc ruuuuuufen"

Zart - leise - weich wie der Wind geschwind!

Hallo meine kleine wunderbare Fee … Da bist du ja!

ENDLICH!

Nimm mich wieder mit in den voller Sehnsucht suchenden *FeenGarten*

"Abundance" = FÜLLE

Gebet und Führung für den heutigen Tag und an allen Tagen der Welt!

"Ein wirklich mächtiges Ritual für die tägliche Besinnung"

Ist es nicht schön sich dem eigenen Gebet zu widmen und dadurch seine persönliche Führung (seine innere Stimme) vernehmen zu können!!

Das Gebet als Geschenk zu erleben und als Bereicherung für die Pflege am Geist zu genießen ist einfach wunderbar.

Probiere es doch mal für Dich aus ....

Wenn die Stimmung aufs Gemüt drückt; die Weltnachrichten einen auf den Magen schlagen oder der Liebeskummer einen die Seele schwer macht ...

Ein Gebet das die Türen und das Tor zum Göttlichen dir jederzeit öffnet.

Egal ob es kurz oder lang ist, es ist dein "Gebet"

"Lieber Gott!

Danke für Alles, was in meinem Leben geschieht, ... es bereitet mir die Möglichkeit zu wachsen und mich weiter zu entwickeln"

"Danke für die Liebe in meinem Leben, den meine Seele nährt sich davon"

"Liebe Engel, ich bitte um Führung und das Beste für Alle beteiligten"

"Ich bitte um geistige Führung in meiner Heilertätigkeit als Mensch"

Wie wird dein Gebet klingen .... schwingen und die Energien erhöhen!?

Erlaube es dir und deinen Geist dich auf den Weg deines Lebens zu führen ...

Dich zu begleiten und die Engel werden deine Gebete erhören und in dir deine Botschaften klar und deutlich verlauten lassen.

Öffne dich für diese wunderbaren Erfahrungen; durch das Gebet immer mehr zu dir und deiner Wahrheit zu gelangen!

Deinen Weg wahr zu nehmen ...

Vernehme die Stimme in Dir durch die universelle Kraft der Liebe!

Deinem Lebensplan

Lebensauftrag durch das Göttliche!

Einfach Wunderbar!!

Gestern an Karfreitag …

<u>Oder an einem anderen Tag …</u>

…. während mein Geist spirituell in Gedanken beim Duschen …..passierte folgendes….

Jesus liebt uns Alle ….

"Ich bin mit Allen Menschen Eins, in Gelassenheit & Frieden"!

Hier meine Geschichte dazu… Gestern am Karfreitag ganz in der früh, just beim Duschen schaue ich nach unten in den Abfluss und es formatiert sich aus dem Duschschaum erst ganz groß ein **Rabenvogel** (wie gemalt) und wie das Wasser und der Schaum so weiter abfließen, gesellt sich der Drache ganz deutlich dazu! Ein magisches Schauspiel sonders gleichen … hätte ich eine Kamera dabei gehabt liebe Leute, ich sag s euch es war **"wunderbar"** Ich wünsche euch ein wundervolles Osterwochenende und ganz viele gesegnete Begegnungen und Eindrücke!

Der Weg ist das Ziel! – Konfuzius*

Jeder Tag ist ein Mutter und Vater - TAG -

Alles Liebe zum heutigen Tag; jeder Tag ein Tag der

!LIEBE!

<u>Rabenvogel als Krafttier:</u>

Magisch!

Der Ruf der Seele ereilt dich und du bist aufgerufen zu wachsen und zu gedeihen. Wach auf.

<u>Drache als Krafttier:</u>

Befreiung!

Gehe in deine Kraft und entfalte dich in deiner ganzen Pracht. Jetzt!

Dein Leben will eine grundlegende Erneuerung erfahren.

Sind wir nicht Alle irgendwie

"Mütter und Väter" dieser Erde …

Wir Alle tragen die „weibliche und männliche Energie" in UNS (DANN) und leben diese auf unterschiedliche Art und Weise aus … mal mehr mal weniger …

Ausgleich der Energien (Ying & Yang) indem wir uns dieser Energie öffnen voller Kreativität - Gottvertrauen und aus einen geerdeten Verstand heraus.

Das wichtigste ist wie immer die **"LIEBE"** zu sich und allen anderen Wesen! Ausgleich schaffen. Geben & Nehmen im Ausgleich.

Leben wir diese **göttliche Gabe** (unbedingt) sind wir im **Fluss / SEIN.**

Dann kann uns die Veränderungen des Lebens (die ja irgendwie immer auf irgendeine Weise stattfinden) nichts anhaben …

Wir gehen mit den Fluss, den jeder Tag ist ein neuer Tag und im ständigen Wandel!

Erkenne und erkenne Dich -an - zeige dir und deinem Wesen Respekt und vor allem Vertrauen in deine Gaben / Talente / Wissen und deiner Ur-Intuition!

Folge der Stimme deines Herzens - Jetzt!

Möge die LIEBE durch das Göttliche / Universelle / Maria Magdalena / Lady Nada (und viele mehr) mit Dir sein und dich auf deinen Pfad des Lebens wohlwollend und voller Freude & Frieden begleiten.

Affirmation: Ich bin Liebe

Alles - Alles Liebe zum Mutter und Vater - TAG.

Love & Light eure Claire

Der Weg ist das Ziel! – Konfuzius*

Jesus und seine Liebe zu uns ...

Menschlich - Göttlich ...

Jesus kam zu uns, um uns immer wieder an das Herz - an die Liebe im Herzen zu erinnern! **Herzensenergie!!**

Erinnerung an eine Liebe die unendlich ist ... !!

Herzöffnung - das Licht im Herzen nach außen in die Welt strahlen. In die Welt das Licht bringen durch unsere Energie – unser Tun ...

Sich in der inneren Liebe zu sich und den Menschen um einen herum finden - nach außen strahlen...

Lieben!

"Ich bin mit Allen Menschen Eins, in Gelassenheit & Frieden"!

Ich bin LIEBE & LICHT!

Was will Mensch mehr ... "Liebe & Licht"

Sich mit dieser Kraft verbinden und sich mit dieser universellen Liebe nähren!

Wie auch immer ... Jesus als Bote dieser Kraft!!

Er kommt zu uns um uns mit dieser großartigen <u>Liebe</u> ...

Jesus liebt uns ... ALLE - so wie du bist ...

Egal wer und was du bist .... jeder Tag ist ein neuer Tag.

Beginne jetzt!

Lebe die Liebe und das Licht ...

"Glaube und Befreie dich" von all den Schmerz, diesen Schmerz (Weltschmerz) den Jesus für uns symbolisch durch das tragen des Kreuzes weggetragen und auf sich genommen hat.

Lebe nun die Liebe und das Licht und lass all den

Zorn - Wut - Hass - Angst - Schmerz - Beengung - Depression - negative Gedanken und Taten los lassen ...

HEUTE ist ein neuer Tag und ein neuer Weg ...

Entscheide dich und gehe diesen Weg voller "Licht & Liebe"

Jesus wird dich immer auf deinen persönlichen Weg begleiten und auch ein stückweit tragen!

""""

Spuren im Sand

Eines Nachts hatte ich einen Traum: Ich ging am Meer entlang mit meinem Herrn. Vor dem dunklen Nachthimmel erstrahlten, Streiflichtern gleich, Bilder aus meinem Leben. Und jedes Mal sah ich zwei Fußspuren im Sand, meine eigene und die meines Herrn.

Als das letzte Bild an meinen Augen

vorübergezogen war, blickte ich zurück.
Ich erschrak, als ich entdeckte, dass an vielen Stellen meines Lebensweges
nur eine Spur zu sehen war. Und das waren gerade die schwersten Zeiten meines Lebens.

Besorgt fragte ich den Herrn: "Herr, als ich anfing, dir nachzufolgen, da hast du mir versprochen, auf allen Wegen bei mir zu sein. Aber jetzt entdecke ich, dass in den schwersten Zeiten meines Lebens
nur eine Spur im Sand zu sehen ist. Warum hast du mich allein gelassen, als ich dich am meisten brauchte?"

Da antwortete er: "Mein liebes Kind, ich liebe dich und werde dich nie allein lassen,
erst recht nicht in Nöten und Schwierigkeiten. Dort, wo du nur eine Spur gesehen hast, da habe ich dich getragen."

Seelenliebe!

Was ist eigentlich Seelenliebe!

Wir Alle leben in gewissen Seelenfamilien … das kann auch die Herkunftsfamilie sein.

Im späteren Verlauf des Lebens oder wann auch immer finden wir oftmals Ersatzfamilien in denen wir uns sehr wohl fühlen und / oder durch das begegnen besser kennen lernen dürfen!

Durch diese Begegnungen, egal ob "Herkunftsfamilie oder sogenannte Wahlfamilien" (Ersatzfamilie durch Beruf - Hobby - Verein - Gruppen - Glauben) finden wir ein neues und abermals besonderes Miteinander!

Wir werden geführt und begleitet auf unseren Weg … Lebensweg der Erkenntnis!

Seelengefährten, die uns einen wahren Schatz an Erkenntnis

spenden und uns den Spiegel reichen.

<u>Jetzt dürfen wir in diesen Spiegel hineinschauen und erkennen.</u>

"Erkenne dich Selbst - & - Alles in Maßen"

(Die Weisen - Innschrift aus Delphi / Apollotempel_Griechenland)

<u>https://de.wikipedia.org/wiki/Gnothi seauton</u>

Die Chance sich selbst zu er-kennen und so zu lieben wie DU bist ...

Gestern war ich zu Fuß auf den Weg nach Andechs; nach einem einstündigen Aufstieg zur Kirche empor angelangt.

Eine tolle Art wieder (immer wieder) zwar kurzweilig aber immerhin in sich zu kehren - Im wahrsten Sinne bei sich zu kehren und sich zu reinigen - Kontemplation pur!

(Wie schon so oft in der wunderbaren Kirche voller Blut - Scham - Opfer und Vergebung / sog. Christentum der Katholischen Kirche)

Ein bayerischer Pfarrer hielt zur Pilgerzeit im Mai eine tolle Andacht und wurde durch Harfe - Zitter - Hackbrett und Kirchenorgel wunderbar begleitet.

Kurz nach dem Eingang rechts oben das wundervolle Bild in Stein gemalt:

!Ein Engel mit Schwert in der rechten Hand; in der linken die Waagschaale der Gerechtigkeit … eine Seele (Mensch) hält den Spiegel in der Hand und wagt noch nicht so ganz den Blick in den Spiegel …. eine Schlage umschlingt den Stil (Halterung) des Spiegels und züngelt; bereit zum Biss!

Interpretation meinerseits:

Erzengel Michael (Schutzengel - Beschützer in Not und in Allen Religionen.**Erzengel Raphael als Heiler** und **Erzengel Metatron**, der einen **Thron neben Gott einnimmt**) bereit den Befreiungsschlag auszuüben und die Schale der Gerechtigkeit in Einklang zu bringen, wenn nur DU liebe Seele bereit bist dich in diesen Spiegel der Erkenntnis anzuschauen ... Wage (Waage) den Blick der Innenschau und schaue dir in die Augen - Erkenne dich selbst und liebe und vergebe dir und Allen anderen auch ... und auch wenn es schwer fällt und die Schlange der Verführung und der Erkenntnis dich manchmal noch beißen wird, ist es jedoch gewiss, dass durch das Gift der Schlange "Heilung" (Erzengel Raphael) in deiner Seele einkehr hält - und ganz gewiss halten wird!!

Sei dir gewiss!

Metatron: der mächtigste Erzengel überhaupt!

Schöpferischer Geist gepaart mit göttlicher Energie ist er ein Lehrer und Beschützer gleichermaßen jener

Kinder im Paradies, die früh gestorben sind!!

Die Engel und vor allem Erzengel Michael und Erzengel Raphael werden bei Dir sein auf deinem Seelenweg, der Weg der Kontemplation, der Weg der Heilung.

Love & Light eure Clarissa

www.theralupa.de

www.heil-verzeichnis.de

Clarissa.Lichtweg@gmx.de

https://www.facebook.com/Clarissa.lichtweg

<u>Wenn die Seele liebt!</u>

Seelenliebe - Dualliebe - Seelenpartnerschaft…

Sich stark verbunden fühlen und sich dadurch immer näher kommen!

Du lernst einen Menschen kennen und denkst "Oh Gott" … na das wird was werden …

Spannung, die sich über Jahre aufbaut … in der Arbeit … egal wo … und vor allem sich in deinem Bewusst-Sein ausbreitet!

Immer mehr… immer mehr … mehr….

Phasen von Verdrängung findet statt … Zeiten der Verunsicherung … und dann wieder das Herz, dass zu Dir und deiner Seele spricht … über deine Gefühle - Körperreaktionen (rot werden - in Wallung geraten)

Auf und Ab …

Sprachlos - loslassen - Neu kreieren - Reflektion findet statt:

Bestehende Partnerschaften geraten ins Wanken … WARUM:

Zeit altes loszulassen … alte Geschichten - Muster loslassen!!

Trotz Distanz lieben, in der Seele die Liebe spüren und den Drang von Nähe - sich nahe kommen - ganz tief in sich drinnen erspüren.

"TRÄUMEN" … den Seelenpartner im Traum begegnen … die Hand halten.

...reden, halten - sich im Arm halten … zart - schüchtern, fast schon verlegen … in die Augen schauen und die Seele sprechen lassen.

Das "Bewusst-Sein" und Tun sich in Liebe verbunden zu fühlen….

Was mag nun kommen - was ist vorbestimmt - Schicksal … **LIEBE IST!**

"Verbundenheit"

"Nähe"

"Liebe"

Ein neues Mit-Einander entsteht aus dem Weg der Erforschung…

Tief in dir drinnen weißt du was ist!!

DU - DU, mein Seelenpartner …

Ich liebe Dich aus ganzem Herzen und wusste es schon seit dem ersten Funken der entstand aus "Oh Gott" …

Jetzt können sich die alten Geschichten - Verbindungen (Zweckverbindungen) auf-LÖSEN…voller Liebe & Respekt auflösen.

Das Alte ist nun vorbei - Vergangenheit

Das Neue ist nun schon da, um sich vollkommen zu ent-falten …Entfaltung!

Wie ein bunter Vogel!!

(Phönix aus der Asche - Geburt eines Schmetterlings)!

Liebe ist die Antwort

Segnen, was ist – was geht und was kommt!

Kommen mag.

"Das Beste für Alle beteiligten"

In Streitsituationen und Situationen der Klärung immer das Beste für Alle Beteiligten wünschen.

Ich segne euch voller Liebe - Vergebung und voller Liebe zugleich.

Ich bin!

Ich erschaffe liebevolle Dialoge auch wenn es zu Beginn schwierig erscheint.

Ich schaffe eine Brücke zwischen mir und dir auch wenn wir getrennte Wege gehen …

Wer weiß, wo UNS das noch liebevoll hinführt.

Was bedeutet es wirklich wie "Phönix aus der Asche" aufzusteigen.

Warum begegnet dir dieses Krafttier und was will es dir mitteilen!?

In der Mythologie wird der **Phönix** als ein Vogel mit sehr alter Herkunft (Die Griechen bezeichneten Ihn als Vogel mit einer Lebensdauer von 30000 Jahren; später n. Ch. wurde er neu definiert und mit mindestens 500 Jahre alt werden beschrieben ...)

Oft wird er als ein sehr weißes Wesen mit einer großen "Macht und Gabe" beschrieben ... "ein Fabelwesen" unserer vergangenen Zeit; bereit NEU ins Bewusstsein (wie das Einhorn) aufgenommen zu werden.

In Filmen wie:

"Harry Potter" wurde bildlich wirklich gut geschrieben und gezeigt, wie der Phönix verbrennt und "Alles Alte" mit sich nimmt, um wieder aus der Asche aufzusteigen, wie eine Neugeburt -

Neu geboren - Neu gestaltet - sogar noch "Macht und Kraftvoller" Weißer als bisher!

Nun, wenn uns der Phönix begegnet; was will uns dieses Wesen mitteilen, uns mitgeben?

NUN:

Was habe ich eventuell hinter mir gelassen oder bin im Begriff es hinter mir zu lassen ....

Altes aufgelöst, um Neues zu kreieren und gleichermaßen "Neu" zu leben ...

Was kann ich jetzt "NEU" leben und durch Altes - zerstörtes besser integrieren und leben.

Wie schaut das aus...

Oft ist es so, nach einer Krankheitsphase in ein neues Bewusstsein gehen zu können. Vielleicht ist einem das erst mal gar nicht so bewusst.

Ereignisse zwingen uns in die Knie und lassen unser Lebenskonstrukt neu überdenken.

"Was ist falsch gelaufen - was habe ich falsch gemacht" und warum ist es letztendlich so gekommen, wie es nun ist!?

Phönix als Krafttier:

Sterben – Wandlung – Auferstehung – Neugeburt!

Erscheint der Dir, stehst du definitiv am Wendepunkt deines Lebens. Altes muss nun gehen. Segnen – Verabschieden – loslassen!

Das was bleibt wird in Wahrheit (Wahrhaftigkeit) in Liebe und Frieden mit sich im Einklang gelebt. Der Schmerz wird dich zu deiner Wahrheit führen und ganz befreien.

Nun bist du FREI!

„Ich bin frei – glücklich – und mein eigener wundervoller Schöpfer".

Phönix - ein Krafttier

Auferstehung und Wandlung

Wenn der **leuchtende Phönix** deinen Weg kreuzt, hast du Dich aus den alten Fesseln befreit. Nun begegnet dir das Licht am Ende des Tunnels. Du bist nun **frei und neugeboren** ... das Alte hat seine Gültigkeit verloren!

Jetzt ist es an der Zeit neue Wege und neue Schritte einzuleiten...

Step by step in Richtung Transformation!

Neue Wunder kündigen sich an; ein neuer ZYKLUS kündigt sich an (Alle 7 Jahre (7 Chakren /Yoga - 7 Siegel/ Tora - 7 Sterne /Tarot - #7 / Nummerologie) - Es ist nun soweit ...

" Ich erkenne das funkelnde Licht der Schöpfung in mir an" JETZT!

Die Zahl 7 =: Vertrauen und Offenheit

Die # 7 im Tarot „der Wagen" = Erfolg

Das göttliche Licht in dir ….
"leuchte hell und immer fort an"

!Wir Alles sind Königskinder dieser Mutter Erde und des unendlichen Universum!

Oft ist uns das nicht bewusst, da wir die Verbindung zur Erde nicht mehr so gut verspüren.

-Hektik im Beruf

- Stress am Tag

- Drehen des Hamsterrades

- Sorgen und Nöte die UNS eventuell begleiten

stören diese Anbindung nach "OBEN" zum göttlichen nur zu oft.

Es ist unglaublich wichtig, dass WIR Menschen wieder dieses göttliche Licht in uns leuchten und auferstehen lassen!

Du - bist so einzigartig

Du - bist Liebe

Du - bist ein Kind Gottes

Du - bist göttlich

Du – bist wundervoll und voller Wunder

WIR ALLE SIND KÖNIGSKINDER DIESER ERDE!!

Erinnere Dich an diese unendliche Kraft die von der "universellen Energie" - dem Universum - der Mutter Erde und der göttlichen - spirituellen Schwingung kommt!

Fülle Dich jeden Tag mit Licht!

Und das kannst DU so oft tun wie du es willst und es brauchst.

Diese Energie steht Dir immer zur Verfügung.

Übung:

Lege beide Hände auf deinen Bauch (Bauchnabel - Solarplexus - Sonne) und atme mehrmals ruhig ein und aus …

Lass geschehen; komme in die Ruhe und in den Ausgleich deiner Selbst …

dann beginne dir visuell vorzustellen wie eine goldene Lichtkugel immer größer und heller wird und dich bis in jede Zelle deines Körpers - deine Organe - deinen Blutkreislauf voll und ganz erstrahlt!

Affirmation:

Ich bin Licht - Ich bin göttlich - Ich bin gesund und heil - DANKE!

Ich wünsche Dir von Herzen diese unendliche Energie des Lichts

JETZT!

JETZT!

„LEUCHTE HELL WIE DIE SONNE"

„Kleine Liebesbotschaft für jeden Tag"

Finde dein Herz im *Zentrum deiner Liebe* zu Dir und deinen Lieben …

Kommuniziere mit dem Herzen und in Liebe!

Lasse die Liebe und das Licht einkehren in Dir und deinem Herzzentrum halten!

Sei nun still und atme ruhig und gelassen

- spürst du den Fluss

- den Fluss der Liebe; der Herzensenergie

Herzenssteine sind Bsp.:

Rosenquarz - Aventurin … oder finde deinen eigenen Herzensstein!

Affirmation:

Ich bin Liebe - Ich bin göttlich!

Einen wundervollen Guten Morgen <3

Haben wir uns schon mal überlegt, in was für einer "wundervollen Welt" wir doch leben...

Mother Earth:

Wir beschützen Dich, wir lieben Dich und wir wollen, dass es dir gut geht!

Wir tun Alles, damit DU sauber und genährt bleibst, damit deine Schätze und Reichtümer an Vielfalt erhalten bleiben ...

Wir, die Menschen achten DICH und werden ALLES dafür tun, dass es Dir gut geht, denn wenn es Dir gut geht, dann geht es UNS ALLEN GUT <3

Hast Du dir das schon mal überlegt?

Jeder Tag ist eine neuer Tag... fang heute damit an ...

was kann ich tun und <u>welchen Beitrag werde ich für die Erde und Ihre Natur</u>, den Schutz von WASSER, von ESSEN von LUFT und SONNE - LICHT <u>bereits sein zu leisten?</u>

ZEITGEIST / Tarot und seine Zahlen …

Kleiner Auszug zur Inspiration und Lust auf mehr Tarot

Jesus - Religion - Gezeiten - Sternzeichen - Heiligkeit Gottes - Jungfrau Maria - 12 Apostel - Astrologie - Zeitalter - Bibel - 12 Gebote - 12 Jünger - 12 Apostel!

Astrologie und der Glaube ….

Die Tag und Nacht Gleiche

2150 Jahre / nun Wasserzeitalter

12 Sternenbilder

Großes Jahr / Zeitalter / 2150 Jahre!

Endzeit / Zeit des Ende

Bibel = Astrologischer Hybride

Matthäus 28 (Evangelium) - Ich bin bei euch, bis ans Ende des Zeitalters

(der Welt)

https://derhonigmannsagt.wordpress.com/2012/12/26/das-wassermannzeitalter-und-die-zeitenwende/

Vom Fische Zeitalter zum Wassermannzeitalter

https://www.google.de/url?sa=t&rct=j&q=&esrc=s&source=web&cd=1&cad=rja&uact=8&ved=0CCEQFjAAahUKEwiAxsCwztrIAhXHwBQKHZoFCI8&url=http%3A%2F%2Fwww.bibel-online.net%2Fbuch%2Fluther_1912%2Fmatthaeus%2F28%2F&usg=AFQjCNE7KU1xY-8r6q6TYIW50zA0FqBaRQ

AEON! Tarot # 20 - Das Aeon / Der Aeon

#II - Hohepriesterin / Mond / Isis / außersinnliche Wahrnehmung /Heilung

#V - Hierophant / Weisheit / Göttlicher Führer / Cherubim / Wassermann

#IX - Eremit / Inneres Licht & Schatten / Schlangenstab / dreiköpfigen Höllenhund Zerberus

#X - Rat des Schicksals / Neubeginn / Glück / Sphinx / Affe / Krokodil / Ägyptischen Gottheiten

#XII - Gehängte / Erstarrung / Neues Sehen / TAO – eins werden mit dem Strom des Lebens - Nicht mein Wille, sondern Dein Wille geschehe; denn Dein Wille ist auch der meine!

#XIII - TOD / Tode Gerippe trägt Krone / Kopfbedeckung der ägyptischen Totenbestattung / Ideen und Vorstellung zu Grabe tragen / Auflösung!

#XIV - Kunst - Mäßigkeit / Ausgleich / Transformation / kreative Kraft / Heirat / goldene alchemistische Urne; Raben und Totenkopf - Symbol für Tod und Wiedergeburt

#XVI - Der Turm -höchste Karte der Heilung / Spirituelle Erneuerung - Heilung - Transformation / Das Auge des HORUS - erwachte Bewusstsein / Schlange - Erneuerung!

 # XVII - Der Mond - Karma / Illusionen / Irrweg / Unbewusstem - Bewusstem / Wächtern und Wolfsköpften - ägyptischer Totengott Anubis / Merkur & Pluto!

 # XX - Aeon - Gericht / Verkündung / Klares Sehen / befreite Wahrnehmung / Gefährte Hadit - Feuerkugeln und Flügeln / Auge HORUS ist in der Lage - ganzheitlich zu sehen / Ein-Sicht!

Gott der Weisheit - OSYROS - geflügelte Schlange.

#17 STERN #19 SONNE und #21 WELT!!!

!Licht (Sonne) und Tanz (Welt) verbinden sich und die Energien fließen voller Liebe im Universum (Stern)

Erzengel Uriel:

Liebe - Geborgenheit - Frieden - Glückseligkeit - Gelassenheit - Frieden - Reichtum - Licht - Freude - Lachen – Spaß ...

Was wünscht DU DIR …

Kannst du dir diese Wünsche selbst erfüllen, wenn ja ... dann schreibe diese doch mal auf ein Blatt Papier, was du für dich selbst tun kannst.

Bist du bereit dich selbst zu LIEBEN!

Bist du bereit dein Licht aus dir heraus strahlen zu lassen ...

Bist du bereit für dich selbst zu sorgen und dich jeden Tag gut um dich zu kümmern ...

Wenn ja, dann bist du bereit dich zu LIEBEN!

Wenn ja, dann bist du bereit dein gegenüber zu LIEBEN!

Liebe, die höchste Kraft im Universum ist hier um diese zu verschwenden, damit es mehr werden kann ...

LIEBE ist göttlich ...

Erzengel Uriel wird uns dabei helfen diese höchste Eigenschaft in uns und mit uns zu verwirklichen - leben - lieben - lassen

Losgelöst vom Ego - losgelöst von Anspruch und Besitz!

Erzengel Uriel:

Affirmation:

Ich bin mit Allen Menschen Eins in Gelassenheit und Frieden

"Erzengel Chamuel" auch Anael genannt, möchte Dich sehr gerne liebevoll begleiten auf deinen persönlichen Weg der LIEBE!

Öffne dein Herz für die Liebe in dir ...

Erweitere dein Feld - deine Aura - dein Bewusstsein!!

Wenn du dich liebst, kannst du auch andere bedingungslos lieben und deine Liebe ohne Erwartung - ohne dein EGO befriedigen zu wollen, lieben!

Sei frei in dir und öffne Dich für die unendliche Kraft der Liebe!

Befreie Dich von ....

Habe keine Angst vor Verletzung - vor zu viel geben - vor Ausnutzung ...

Viel wichtiger ist deine emotionale Erweiterung in Dir ...

Dein „**Be-Wusst-Sein**" zu dir und deinem Körper - Geist - Seele:

Deine persönliche Achtung - Respekt - Vertrauen zu dir und deinem Selbst!

SELBST-WERT!!

Sich selbst Wert sein ... nur wenn du bereit bist (in der Lage) und offen bist dies zu geben, dann kannst du auch unendlich empfangen.

Übe dich täglich im "geben und empfangen" der Liebe!

Weite dein Umfeld aus ...

Sei offen - bereit - beobachte - fühle - gebe und empfange nun deine unendliche Kraft und Ausdauer der Liebe.

"Das einzige, das nicht weniger wird wenn man es verschwendet ist die LIEBE"!

Du bist Liebe!

Du bist ein göttliches Wesen voller Liebe & Licht!

Du bist wunderbar!

Erzengel HAZIEL

- Der Engel des Friedens

Zum 4. Advent immer Gut, so kurz vor Weihnachten!

Ich erschaffe Frieden … ich bin Frieden

Durch mein Tun im Herzen erschaffe ich Frieden im Sinne von:

LIEBE

RESPEKT

WERTSCHÄTZUNG

AUSGLEICH

GEBEN

NEHMEN

FÜRSORGE

LIEBE

Wenn ich im Herzen liebevolle in meinem Umfeld lebe und liebe werde ich automatisch zum Engel des Friedens …

Segne Dich und deinen Nächsten mit:

deiner LIEBE

deinem Respekt

deiner Wertschätzung

deine LIEBE

denn,

Alles was du in deiner Welt lebst kommt zu Dir automatisch zurück und wird dich genauso bereichern wie deine Nächsten!

Denke daran:

Ich erschaffe Frieden!

Friede sei mit Dir und deinem Geiste!

Im Tarot die Kraft #8

Handelt von wahren und falschen Kräften ... Verständnis und Illusion ..

Ja nochmal – ganz genau!

"Toleranz und Verständnis"

Im Kabbala "Kaph"; eine halbgeschlossene Hand die im Begriff ist zu geben und / oder zu nehmen. (Fester Zugriff)

Die Hand die aktiv zugreift ....

!Siehe den astrologischen LÖWEN = das Symbol für die göttliche Kraft!

Also... nochmal!

Mit sich selbst ins reine kommen - sein Potenzial / Selbst ausgleichen.

Den inneren Löwen (Kraftpotenzial) begegnen und gleichzeitig liebevoll bändigen und im Vollen leben.

Nonverbal wie ein Dompteur mit sich und seinem Gegenüber (Telepathie - telepathisch besser verständigen und als Vermittler auf dieser Ebene nonverbal sprechen) kommunizieren.

Seine Mitte leben!

#8 Die größte KRAFT kommt aus der LIEBE!

Kinesiologie / Kinesiologische Arbeit

In der Kinesiologie wird die liegende Acht als Ausgleich / Konzentrieung / Entspannung / Visualisierung genommen.

Somit werden beide "Gehirnhälften" (Vernetzungen im Gehirn gefördert) durch das mit dem Augen nachmalen einer in der Luft liegende Acht immer und immer wieder auf's Neue vernetzt.

(Lese-u. Rechtschreibschwäche - Konzentrationsschwäche - Überreizung - Zentrierung der Gedanken und Gefühle - Ausgleich - Ruhe - Entspannung usw.)

Mit einem Blatt Papier kann die "liegende Acht" auch nachgemalt (geschwungen) werden. Auch ruhig mit den Händen in der Luft nachmalen und in dieser Übung gut ein und ausatmen.

Für Kinder / Schüler / Erwachsenenarbeit (Senioren) eine wunderbare Konzentrations- und Vernetzungsübung (Ying & Yang - Energien ausgleichen)

Kann auch mit den Hüften (Körperschwingung) im stehen jederzeit nachgeschwungen werden.

Ich mache das oft und nutze diese Übung beim stehen, wenn ich mit jemanden gerade im Gespräch bin...

;-)

Oder:

Beim langem arbeiten am PC/ Schule / Arbeitsplatz einfach auf die Seite sehen

und die "liegende Acht visualisieren" und mit den Augen gedanklich / visuell nachmalen....

Kabbala: Kaph - "

Die Hand, die aktiv zugreift"

Die 11. Hieroglyphe - 8. Arkanum im Waite Tarot - Telepathie, Kraftübertragung

Organ: Herz

Astrologie: Die spirituelle Ebene des Löwen

Male die Acht als Tankstelle für Kreativität und Energiespender für den Tag

In Gedanken oder auf einem Blatt oder einfach mit den Finger in der Luft.

VIEL SPASS mit dieser Kraftvollen & Machtvollen ACHT!

Kreise deine Hüften wie eine Acht und spüre die Verwurzlung mit den Füßen auf dem Boden. Stelle dir Wurzeln vor, die ganz frisch und tief – kräftiger und kräftiger in den Boden – in die Erde!

Der Engel Elisa"

möchte dir die Herzenswärme in dein Herz bringen!

"Herzenswärme"!

… so wunderbar und einzigartig … lass mich rein in dein Herz!

Ich der Engel Elisa will dir „Freude & Licht und Liebe" bringen und dein Herz wieder glücklich stimmen.

Sei nicht traurig auch wenn es manchmal zum Weinen ist und du liebes Herz dich verkrampfst und ganz eng wirst!

Lass den „Schmerz und die Trauer" nun los und verweile ein paar Minuten und genieße den Anblick, das Licht, was ich dir nun schenken möchte…

Du bist Liebe!

Entstanden aus der göttlichen Kraft und hier auf Erden um dieses Licht und diese Energie weiter zu verschenken.

Öffne Dein Herz für all das Schöne.

Öffne Dein Herz für die Liebe!

Öffne Dich für deinen Engel

Empfange Liebe und schenke diese dir selbst und deinen Nächsten.

... den Du bist (das) REICH (Gottes).

Sei lieb gedrückt und voller Herzenswärme.

Verweile ein wenig und schaue mich mit den Augen der Liebe an und du empfängst all die Wärme, die du gerade bereit bist in dich aufzunehmen.

dein dich liebender Engel Elisa

Und wenn DU magst gibt deinen Engel doch einfach einen eigenen persönlichen Lieblingsname!

Love & Light eure Claire

TAROT

Quelle - Gerd B. Ziegler - Spiegel der Seele!

An dieser Stelle ein Herzliches Dankeschön für diese unglaublich gute Interpretation!

Wechsel - Zwei der Scheiben - Wechsel

Eigeninterpretation auch gerade jetzt in 2016 / WECHSEL

Energiearbeit & Channeling heute den 03.01.2016 v. mir.

Herzensenergie - Herzensfrequenz im Vordergrund - Jetzt - will jetzt gelebt werden.

Werde Licht & Liebe   ...

Raus aus dem Hamsterrad

Raus aus falschen Kompromissen

Raus aus Abhängigkeiten

Raus aus Schattenverhältnissen ... ins LICHT

Raus aus Sinnlosigkeit

Raus aus Konsum

Raus aus Manipulation

Raus aus Korruption

"Die zwei der Scheiben"

zeigen auch gerade in der Abbildung von Aleister Crowley - Thoth Tarot

die Licht / Schattenverhältnisse an - Ying & Yang - Oben wie unten im Symbol der Acht / Schlange die dich beißt um eine Richtungswechsel / Transformation in deinem wertvollen Leben / DA-SEIN unweigerlich / sofort einzuleiten.

2016 das Jahr des WECHSEL / Machtwechsel auf der Erde von Armin Risi

<u>Quersumme:</u>

Die NEUN! Der Eremit - Das innere Licht leuchten und nach außen bringen in seiner reinen Form / Bewusst-SEIN.

Frage:

Was müssen wir verändern in unserem DA-SEIN um den Wechsel in uns und auf Mutter Erde zu vollbringen.

Welche Möglichkeiten habe ich und habe ich noch nicht berücksichtigt.

Was kann ich zu einem besseren ICH / WIR hier und jetzt und auf unserer wundervollen Mutter Erde dazu

beitragen

einbringe

bewirken

umsetzten

leben   voller   Licht & Liebe

Ändere deinen Geist und du änderst Alles!

Deine persönliche Wachstumskarte für inneren und äußeren Wohlstand!

Wachstumskarten

wie #10 und #20 im Tarot passen immer gut

10 - Rad des Schicksals oder Fortuna – Rad des Glücks

20 - Gericht oder mit sich ins Gericht gehen

Ich vertraue auf was … was kannst du tun, um deine persönlichen "Wohl-Stand" in dir zu wecken….

Welche Gaben und Potentiale besitzt du in dir …

Was gilt nun in dir zu wecken - zu fördern - zu leben …

Ist es das "Schreiben - Malen - Singen - Tanzen - Geschichten" erzählen

oder

Sage es zu dir - sprich zu dir

was ist dein innerer Reichtum der nach außen dringen will!?

Du bist schön!

Affirmation:

Ich bin schön und voller Möglichkeiten. Ich vertraue auf meine Fähigkeiten - Jetzt!

Ich nehme **meine Gabe / Gaben** nun an und arbeite daran!

So, jetzt sage mir ganz laut und spontan, was du besitzt!

Ganz laut … Ich bin gut im …. " " … na, was ist es …

Von nun an arbeite ich daran und nehme diese spezielle Fähigkeit jeden Tag ein bisschen mehr in mir auf, indem ich daraus was mache…

Schritt 1

Ich mache mir meine Gabe bewusst!

Schritt 2

Ich lebe diese Gabe jeden Tag ein bisschen mehr durch …

Schritt 3

Ich lasse andere an meiner Gabe teilnehmen indem ich …

Bitte nehme ein Blatt Papier und gehe einen persönlichen Vertrag mit dir ein.

Affirmation:

Ich lebe meine Gabe jeden Tag mehr und mehr. Ich bin voller Tatendrang und Freude. Jetzt!

Text auf meiner "persönlichen Energie- und Medium Arbeit" für euch zur Verfügung gestellt; deshalb nenne ich Sie "Spirituelle Wohl-Stand-Energie"

"LOVE & LIGHT" **eure Claire**

„Engelorakel"

für Dich – Dich und Dich

- wähle nun aus deinem Herzen

- Rechts oder Links-

(In Gedanken Recht oder Links)

Engelsweg für die nächsten Wochen – Monate - Jahre!

Was kannst du in den nächsten Wochen – Monate – Jahre

noch mehr in Dir nach außen tragen…Die Engel möchten Dir dabei gerne zur Seite stehen…

<u>Rechts:</u>

Engel Ananchel #24

Hilfe aus Sackgassen

Ananchel wird auch "Gnade Gottes" genannt (Gott ist gnädig)

Öffne Dein Herz weit und lass die himmlische Liebe in Dir hinein ...

...so geht es nicht weiter! Der Weg führt nicht mehr weiter ...

Suche einen Lösungsweg ... entwickle deine "Fähigkeiten & Talente" weiter!

"Sei gnädig zu anderen und gib vor allem auch dir eine neue Chance!

Affirmation:

Ich bin bereit zur Demut und Neuanfang

Fang an!!!

<u>Links:</u>

Engel Mitzrael#20

Hilfe durch Aufrichtigkeit

Mitzrael, auch Mizrael oder Mitzael genannt, ist der Engel der Geschicklichkeit und der praktischen Fähigkeiten.

Gott steht denen bei, die reinen Herzens sind und Aufrichtigkeit leben wollen. Er schenkt dir die aufrichtige – barmherzige – wahrhaftige LIEBE.

… komme ins reine … gehe eine Aussprache an (Partnerschaften aller Art) und finde Ruhe und Besinnung.

„Mache aus deinem Herzen keine Mördergrube! Schenke reinen Wein ein, zunächst Dir Selbst!"

Affirmation:

Gott hilft mir zu lieben – ohne zu leiden und ohne zu verletzen.

Ich öffne mein Herz für die LIEBE

Herzensgrüße – Herzensenergie!

Love & Light & Joy

„Unsere wahre Aufgabe ist es glücklich zu sein" – Dalai Lama

Inhaltsverzeichnis:

Achtsamkeit

Wechsel - Zwei der Scheiben-Wechsel

Asylanten – Wanderer

Die liegende Acht – „zweimal"

Kolipri

Die Reise zu Dir selbst

Feenland

Jesus liebt uns Alle

Jesus und seine Liebe zu uns

Seelenliebe

Wenn die Seele liebt

Inhaltsverzeichnis:

Phönix aus der Asche

Göttliche Licht leuchte

Kleine Liebesbotschaft für jeden Tag

Mutter Erde

Zeitgeist / Tarot und seine Zahlen

Gebet und Führung

Erzengel Uriel (Vision)

Erzengel Chamuel (Liebe)

Erzengel Haziel (Frieden)

Wachstumskarten #Zehn und #20 im Tarot

Engelorakel für Dich – Dich & Dich

Zum guter Letzt:

Drei Karten

Botschaft von Maria Magdalena

Impressum

Personendaten

Vorname Clarissa M.

Nachname Seite

Firmennamen Praxis für Psychotherapie - mediale psychologische Lebensberatung

Geburtstag 19. August 1969

Sternzeichen Löwe

Geschlecht Weiblich

Familienstand Verheiratet

Kontaktdaten

Strasse Winibaldstr. 14

PLZ 82515

Ort Wolfratshausen

Land Deutschland

Webseite http://www.theralupa.de   /
www.heil-verzeichnis.de

Persönliches

Über mich:

Clarissa M. Seite

Praxis für Psychotherapie nach dem HPG

Mediale psychologische Lebens-Beratung

Psychologische Beratung und Kartenlegungen auf Wunsch am Telefon

Erstkontakt: 01525 - 654 99 30

www.theralupa.de

www.heil-verzeichnis.de

BLOG: CLARISSASEITE.TUMBLR.COM

SUCHT-Beraterin (auf der Suche zum Ich)

& REIKI- Meisterin / Lehrerin

Mädchenname: Zickler

Geboren am: 19.08.1969 / Bad Neustadt a. d. Saale

Schulbildung:

Qualifizierenden Hauptschulabschluss – High - School in Louisiana - Realschulabschluss - Universität Tech in Louisiana / Ein Semester in Mathe - Geschichte und Englisch

Lehrberufe:

Verkäuferin - Einzelhandelskauffrau - Versicherungsfachfrau - Heilpraktikerin für Psychotherapie - Suchtberaterin - Reikimeisterin / Lehrerin

Aufgewachsen in Speichersdorf bei Bayreuth bis zum 18 Lebensjahr

Nach Heirat in die U.S.A / Louisiana bis zum 21 Lebensjahr

Zurück nach Deutschland / Bayreuth für ein Jahr - München vier Jahre –

Bayreuth 16 Jahre - und schließlich wieder nach München / Wolfratshausen bis zum heutigen Tag.

Mein spiritueller Weg

... hat mit den Engel begonnen, die ich schon seit meiner Kindheit sehr bewundert habe und meine Oma mütterlicher Seite hat immer sehr viel zu den Engel gebetet, dass fand ich für mich sehr prägend.

Die Engel, meine tiefe Freundschaft - Verbundenheit und Liebe!

Die Engelsbilder von meiner Oma und meinem Opa hängen heute nun neben vielen anderen Engeln im Wohnzimmer und meiner Wohnung verteilt.

Als ich mir 1992 mein erstes Kartenset / Tarot von Miki Krefting aus München kaufte ging es mit vielen Stunden - Nächten um die Ohren schlagen und Beratungen für Freunde los in Richtung Spiritueller - Medialer und guter Intuition ans Eingemachte!

Mehr und mehr interessierte ich mich für diese umfangreichen Themen wie den Glauben an Gott den Engeln - Glaubensrichtungen der Welt - Interpretationen des Tarots in verschiedenen Auslegungen und Ausführungen von White Raider zu Crowley, der Nummerologie (Dan Millman) der Traumdeutung (C. Jung) Kastl – Kant – Frankl – Freud und vieles mehr dazu.

Kartensets wie Selbstheilung von Chuck Spezzano - Göttinenzyklus - Engel von Diana Cooper - Doreen Virtue - & und dem tollen Kartenset von Pia Schneider und Ruth Kendell –

Krafttiere von Jeanne Ruland & Murat Karacay – **Maria Magdalena** von Jeanne Ruland & Marion Hellwig - **Spirituelles Geldbewusstsein** von Thorsten Weiss und und und runden mein Profil ab.

Kinesiologie und TCM-Medizin - Kräuterkunde - Homöopathie und die universelle Energie; erst durch die drei Reikigrade und dem Lehrer wurden diese intensiv in meinem Leben seit der Geburt meines Sohnes Frank 1997 integriert und schließlich auch privat an mir und meiner Familie - Freundeskreis und interessierten Menschen praktiziert!

2008 kam dann, nach Jahrzehnten an "üben und lernen" im Spirituellen Bereich der Beginn mit der Ausbildung zum Heilpraktikerin zur Psychotherapeutin (Gesprächstherapie nach Rogers -

Psychoanalyse nach Freud) und last but least

2009 die Ausbildung zur Suchtberaterin,

2010 die Gründung der Praxis für Privatklienten und psychologische - mediale Lebensberatung am Telefon!

2014 schrieb ich mein erstes Skript "Wie werde ich ein Erdenengel"

2015

Blog: ClarissaSeite.Tumbler.Com

2015 & 2016

ebook / Buch

publiziert über BoD

„Wie werde ich ein Erdenengel

„Ein Erdenengel und seine Geschichten"

Seit 25 Jahren; seit Beginn meines ersten Kartendecks im Tarot kamen viele andere Kartendecks dazu und durch das tägliche ausüben und studieren von Fachliteratur in unterschiedlichen Bereichen hinsichtlich meiner medialen Fähigkeiten wird es immer mehr und das „Tun" immer intensiver und klarer in der Ausübung!

Üben – Üben – Üben

Lernen – Lernen – Lernen

Sein – Werden – Sein

Vereinszugehörigkeit wie:

Dachverband Geistiges Heilen

(DGH)

Verband freier Psychotherapeuten, Heilpraktiker für Psychotherapie und Psychologischer Berater e.V.

(VFP)

Mein Leitmotiv ist:

Lehrer und Schüler zugleich ;-)

Immer und immer wieder ...

auf dem Weg der sog. Meisterschaft (TOD) um wieder und Neu Wiedergeboren zu werden (Phönix aus der Asche)

Anbieter-Impressum

Umsatzsteuer-ID-Nr 82 096 358 479

Handelsregister-Nr. / Steuer-Nr. / ggfls. Geschäftsführer

Praxis - Clarissa Mathilda Seite - Heilpraktikerin für Psychotherapie[HPG] - WOR

Steuernummer – Finanzamt Wolfratshausen – 169/258/90344 – **IdNr. 82 096 358 479**

Bankverbindung – Sparda Bank Nürnberg – BLZ 760 90 500 – Kontonummer 442 50 59

[Gemäß § 4 Nr. 14 Buchst. a UStG sind Heilbehandlungen im Bereich der Humanmedizin umsatzsteuerfrei. Dazu zählen auch die Leistungen der Heilpraktiker].

Ich wünsche Dir - Dir und Dir

Lieber Leser, eine wohltuende Öffnung zu Dir und zu deiner liebevollen Natur als

„Erden-Engel"

In diesen schnelllebigen Zeiten der Jagd nach Anerkennung – Profit und Erfolgsstreben kann dies eine neue Qualität an Erleben und einer eventuellen Konzentrierung aufs Wesentliche und zukünftiger „EntSchleunigung" bewirken!

Ich wünsche von Herzen

 Alles erdenkliche Gute

Ein Dankeschön an:

Meine Eltern; einzigartig in Ihrer Art

Meine Geschwister, die mich in meinem Dasein begleitet und geformt haben

I Love You All!

Meine langjährigen Freundinnen:

Anette   Rhön

Gitti   Bayreuth

Bea   Schweiz

Andrea Dachau

Meinen Sohn Frank, der mir oft den Spiegel vor Augen hält! ;-)

Buchcover von Frank am Gardasee / Limone im Juni 2015 fotografiert.

Love you all so much!

Dieses Büchlein dient als ein kleiner Wegbegleiter „täglicher Inspiration" und als Möglichkeit einer neuen Sichtweise in der Lebensführung.

Es ersetzt weder den Rat durch einen Arzt deiner Wahl, noch dient es als Ersatz für medizinische Behandlungen von physischen und psychischen Erkrankungen aller Art!

Wenn werdende Mutter (schwanger) ist oder sich krank fühlt oder krank ist, konsultieren Sie immer zuerst einen Arzt Ihrer Wahl!

Und denk bitte dran …

Du – Du und Du – SIE –Er – Es

trägst die Verantwortung für

Dich und dein Leben!

Haftungsausschluss: Autor & Verlag

Und wie immer auch in diesem Büchlein ….

„Der Weg ist das Ziel"- Konfuzius

Allzeit für Uns ALLE

LOVE & LIGHT & JOY

Und denkt bitte daran ….

Ich bin

„Glücklich

Gesund

&

Heil"

…

Reich

Schön

Schlank

Smart

Weise

Mutig

Aktiv

Wissend

Flexibel

Jung geblieben (Im Kopf, Körper, **Geist, *Seele*)
Mögliche Quelle: Louise L. Hay

Und zu guter Letzt:

Die Liebe ist die höchste Kraft im Universum.

Diese höchste Form der Schwingungs- und Energieebene wurde uns durch die All – Macht geschenkt.

Liebe ist die Antwort auf all deine Fragen …

Öffne dein Herz und lass diese Kraft in dir hinein und lebe diese wundervolle Energie!

Hier & Jetzt

Love & Light

Ver-Gangen-Heit loslassen und die Zukunft ist noch nicht geschrieben (oder vielleicht doch-Tora) da ….

HIER

&

JETZT

Ein Engelbild

Einen persönlichen Engel malen …

Wenn Du magst!

Persönliche Notizen:

Welches Thema hat mich besonders berührt und ich möchte da nochmals genauer hinsehen – spüren und erforschen?

Wenn du magst, kannst du mich jederzeit über meine Mailadresse kontaktieren und Fragen an mich schreiben !

- eventuell zu meinen Büchern

- oder was dir wichtig erscheint.

<u>Nur wenn du magst!?</u>

LOVE

&

LIGHT

&

JOY

Clarissa M. Seite

<u>Sincerely Claire</u>

Diese drei Karten wollten sich jetzt gerade nochmals heute (18.06.2016) unbedingt für Euch zeigen!

Meine Energie fließt heute ganz besonders stark und Erzengel Michael ist ja mein persönlicher Erzengel für Schutz auf meinem Weg als Heilerin und Erdenengel.

Erzengel Michael:

Unser Schutzengel möchte Dich unbedingt auf deinem Weg begleiten und beschützen!

Erzengel Michael bedeutet "Er, der wie Gott ist"

Erzengel Michael möchte Dir helfen wo er kann.

Es ist Ihm besonders wichtig, dass du seine Kraft nutzt und Ihn bittest die "alten Muster / Blockaden und Programme", die dich auf deinen Weg schon so lange begleiten (Bsp. durch Erziehung / Erfahrungen / neg. Charaktereigenschaften / Verlust der

Seelenanteile) aufzulösen, um das Neue
- gewonnene wieder zu integrieren.

Er löst alte Verstrickungen (durch die Macht seines Schwertes) auf und bietet Dir den Schutz (durch das mächtige Schutzschild) an.

Rufe Ihn einfach an und bete zu Ihm, du wirst seine Kraft spüren. Dass ist gewiss!

Gottes Kästchen:

es wird Dir heute angeboten, all deine Ängste, Sorgen und Nöte dem Himmelreich zu übergeben!

Das Himmelreich möchte Dir anbieten, dass Du all deine Belastungen hiermit überreichen darfst!

Du und dein Anliegen, wirst durch ein gesprochenes Gebet und das Bitten erhört und aufgenommen in das göttliche Reich!

Schreibe einen Brief, wenn du magst und berichte den göttlichen Wesen von deinem Anliegen.

Du kannst es auch in deine persönliche Schatzkiste legen. Die heiligen Wesen werden es für Dich nach Oben übermitteln.

Gebe dir Zeit und schreibe in Ruhe all deine Gedanken zu deinem Thema auf und verwahre es eine Weile in dem Ort deines Vertrauens.

Auch ist ein Tagebuch an das unendliche Gottes-Reich wertvoll.

Du wirst es spüren, wenn die Zeit reif ist und die belasteten Dinge sich zu lösen beginnen.

Zeichen werden dir hierzu übermittelt werden....

"Liebe & Vertraue" darauf!

Dritte-Auge / Chakra:

Ja, was kann ich hierzu noch hinzufügen ...

;-)

Du bist gesegnet mit dieser spirituellen Fähigkeit des **"sehen" und des "spüren"**!

Ein Seher zu sein, heißt auch sich voller Demut hinzugeben, denn du bist im Auftrag der spirituellen Gesetze unterwegs.

Deine Eingebungen mögen manches Mal noch fremd wirken oder du hast bereits erkannt, um was es hier geht und nutzt diese Fähigkeiten zum Wohle der Menschen - Wesen - Tiere - Pflanzen - Mutter Erde und dem universellen Gesetzen!

Vertraue deinen inneren Bildern die sich oft in Träumen / Tagträumen / Eingebungen / Impulsen / Gedanken und deiner Intuition zeigen und zu Dir in diesem Moment sprechen wollen.

Ein Medium für die **LIEBE** und das Licht, was dringend gebraucht wird.

Erzengel Raphael wird dich hierbei bei deiner Arbeit und dem Miteinander sehr gerne unterstützen.

Spreche mit Ihm, wann immer du willst, du wirst jederzeit erhört und gleichzeitig liebevoll begleitet!

Zur Reinigung des dritten Auges: zwischen den Augenbrauen in der Mitte oberhalb der Nasenwurzel, empfiehlt sich der Amethyst / Bergkristall = Citrin!

Zum Stärken und Sehen des dritten Auges: das Falkenauge, Onyx, Turmalin , Regenbogenturmaline!

Ich wünsche dir nun ganz viel "Liebe & Licht" auf deinem Weg der Heilung und der Heilarbeit!

Love & Light

Claire

„Botschaft"

von Maria Magdalena

http://isis-mysterienschule.blogspot.de/2015/12/neumond-11-dezember-2015.html

Träume meine geliebte Seele und es wird dir eine Geschichte erzählt ... von dir und deiner Welt ... deiner Zukunft und deinen tiefsten Gefühlen und Ängsten!

Nutze den Schlaf, um Antworten zu erhalten und um in den Kontakt mit deiner geliebten Seele zu gehen ... **Deine Seele möchte mit dir im Traum kommunizieren!**

Nutze diese Reise in die Zwischenwelt der Träume *zu Dir* und

deinen tiefsten Antworten in Dir - (tief drinnen) und in deinem Geiste.

Maria Magdalena will dir diese wunderbare Gelegenheit durch Ihre Botschaft näher bringen; gerade jetzt in dieser Zeit des Vergehens - des Abschieds und dem Ende ... Jahresende - Wechsel, um in eine neue Phase des Übertritts in das neue Erwachen - Leben und Jahr rüber zu gleiten.

Öffne nun das Seelentor und lausche der Musik /

Schwingung / Erinnerung deiner eigenen & wirklichen Wahrheit.

LAUSCHE und Atme nun im Rhythmus deiner Selbst

<u>Herzensenergien werden somit frei</u> …

Erste Übung:

Lasse *"ALLES"* und vor allem *"Altes"* los…

was dich belastet! Was belastet dich genau …

Im Traum findest du oft die Antwort deiner feinstofflichen Seele …

Wenn du dich schlafen legst, spreche zuerst mit deiner Seele und bitte um Unterstützung und Antworten auf deine Fragen ….

NUN, möchte ich dir ein Ritual vorstellen, was du jederzeit und so oft anwenden darfst um dich von Altlasten und anderen negativen Gedanken zu befreien!

Ich möchte dir gerne das Schütteln empfehlen!!
.
Stell dich bitte hüftbreit hin…
Spür in deine Füße…
Verwurzle Dich wie ein Baum seine Wurzeln in die Erde wachsen lässt (Bildlich vorstellen …)

Bitte beide Knie leicht entspannt in die leichte Hocke gehen (nicht viel)…
Atme entspannt durch deine Nase…

und aus dem Mund wie eine Flöte ausatmen
„ruhig und gelassen"
.

Bleibe ca. 1 Minute so im Spüren…

.
Jetzt beginne, von den Beinen aufwärts… Hüfte – Arme – Schultern – Nacken (leicht) in den Kopf & deinen Körper insgesamt so richtig aus schütteln raus schütteln.
.
Schüttle nun Alles … Schwere und alle Belastungen ab wie ein Hund, der aus dem See rauskommt und sich ausschüttelt!
Lass nun Alles Alte los!!!
.
Schüttle leicht und voller Freude, ohne Kontrolle in deinem Kopf!
Lass es Fließen
5-10 **Minuten**
Danach gönne dir (so viel - ein wenig – oder auch mehr) RUHE!!!

Oder sogar ein kleines Heierlien - Nickerchen … tut auf jeden Fall gut ;-)

LOVE & LIGHT eure Claire

Ich bin ….

-

Frage an Dich / Sie / Er / Du / ES

Wer bist Du und was möchtest Du SEIN und in DIR ...

Leben

Lieben

Wünschen

Besitzen

Kreieren

Erschaffen – Bauen

Persönliche Notizen:

Alles ist Eins und wir sind allzeit mit dem göttlichen Funken verbunden!

Wir sind göttliche Wesen und dieser Funke ist in unserer DNA verwurzelt!

GLAUBE (versetzt Berge)

Wenn du magst, übe dich in der Meditation mit deinen 7 Haupt - Chakren und lerne mit den Atem und den dazugehörigen Farben zu kommunizieren!

Atem ist leben!

Wasser ist leben!

Energie ist überall!

Essen ist leben!

Wir sind Energie!

Segne diese voller Respekt und mit Liebe & Achtsamkeit gegenüber der

Natur die uns geschenkt wurde von Mutter Erde!

Segne jeden Tag das, was Dir geschenkt wird!

Alles ist in gewisser Maßen ein Schatz; unser Schatz, der im innersten gehegt und gepflegt werden möchte!

Alles was dir begegnet ist für Dich und dient deiner Weiter-Ente-Wicklung!

Jeder Gedanke zählt und zieht durch Resonanz die Dinge und Erlebnisse in dein Leben, die für Dich wichtig sind um weiter auf den Weg des Lebens – den Weg der Erkenntnis und der Liebe voran zu schreiten!

Werde Dir (dessen) bewusst!!

***Der Weg ist das Ziel – Konfuzius*ced

Was könnte ich täglich mit Liebe & Licht segnen!?

Wem möchte ich Vergebung schenken!?

[Sich bitte nicht vergessen] :-)

-

Dein Weg

Wie auch immer DEIN persönlicher Weg aussehen mag und was auch dir dieser Weg abverlangen mag, es ist dein Weg!

Gehe Ihn in mutig, achtsam und in Liebe.

Jeder Tag ist dein Tag!

Du bist der Schöpfer deines Lebens.

Lebe die Freude – Liebe und das Leben

Herstellung und Verlag:
BoD - Books on Demand, Norderstedt
ISBN 978-3-7412-2825-4